すみっコぐらしの
ハンドメイドBOOK

主婦と生活社

すみっコぐらしのハンドメイドBOOK

フェルトマスコット P.4

羊毛フェルト P.8

あみぐるみ P.12

クッション P.16

アップリケ P.18

ねんど P.22

がまぐち P.20

折り紙 P.24

プラバン P.26

クッキー P.28

練り切り P.30

- P.32 さあ、作りましょう！
- P.35 刺しゅうの仕方
- P.37 フェルトの縫い方
- P.43 羊毛フェルトの基礎
- P.51 この本で使われている編み目記号①
- P.63 この本で使われている編み目記号②

フェルトマスコット

すみっこをチクチク縫います。
できたら、すみっこにおいてあげましょう。

全員集合マスコット！

すみっこにいるとなんかおちつく……
すみっこを探して……

ほこり
のうてんき。

にせつむり
じつはなめくじ。

とかげ
じつはきょうりゅう。

たぴおか
のこりもの。

ざっそう
ポジティブなくさ。

すずめ
ただのすずめ。

しろくま
さむがりのくま。

ぺんぎん？
自分に自信がない。

ねこ
はずかしがりや。

とんかつ
のこりもの。

ふろしき
しろくまのにもつ。

えびふらいの しっぽ
のこりもの。

フェルトマスコット

カップがおちつく……マスコット
お気に入りのカップに入って
すみっコぐらし

作り方 P.38 ▶ P.39

しろくま&ぺんぎん？

お茶を飲んでるしろくまと
本を読んでるぺんぎん？
ほっこりじかん♪

とんかつ&ねこ

袋に入ったとんかつ
猫缶に入ったねこ
ふたり入っていれば……おちつく

羊毛フェルト

やさしい羊毛がすみっコたちにぴったり！
チクチクすみっこまで刺して作りましょう。

みかんの箱の中で

みんなすみっこに！
みかんを仲良く食べて……

そっとのぞいてるのは……
ねことたぴおか
ざっそうは上から……

作り方 P.42 ▶ P.44

羊毛フェルト
ねこじた

おにぎりを作ってあげるだけで
ストーリーがはじまります。

おにぎり大好き！

おにぎり・お皿の作り方 P.44

あみぐるみ

まあるく編んでいくだけで
かわいいすみっコぐらしができます。

すみっことりあい

おへやのすみっこ

みんな作って……
お部屋のすみっこに飾りましょう！

作り方 P.45 ▶ P.49

とかげ&にせつむりは仲良し

仲良し同士を作って
すみっこに並べてかざりましょう。

あみぐるみ

ぺんぎん？＆たぴおか

しろくま＆ふろしき

しろくま＆ほこり

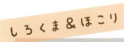

ねこ＆ざっそう

クッション

ミシンでも手縫いでもできます。
すみっこまでしっかり綿を入れるのがポイント！

すみっコクッション

できたら、ソファーのすみっこにおいて
いっしょにすみっコぐらし……

作り方 P.49 ▶ P.51

アップリケ

すみっこにアップリケしてあげれば
オリジナルのすみっコグッズに！

すみっコトートバッグ

すみっこにアップリケしたら
マスコットのほこりをつけて……

作り方 P.52

とんかつ巾着

小物を入れたり
とんかつお弁当を入れたり……

ふろしきペンケース

すみっこ感はステッチで！
ピンクがかわいいペンケースです。

がまぐち

人気のがまぐちの作り方は意外と簡単
金具のすみっこまで布を入れるのがポイントです。

すみっコがまぐち

かわいくできたら、
バッグのすみっこに入れてあげましょう。

作り方 P.55 ▶ P.57

お金を入れても……

お菓子を入れても……

ねんど

小さくても……
すみっこまでしっかり作りましょう。

ここがいいんです

ぺんぎん？が……三角に……

しゅうちゃく

すみっコねんど

並べ方で世界がいろいろ広がります。
すみっこに！

作り方 P.60 ▶ P.61

折り紙

途中まで同じ折り方です。
すみっこまでしっかり折って作りましょう！

すみっコレター折り紙

白いほうにお手紙を書いて……
すみっコぐらしレターでプレゼント！

プラバン

小さい頃から慣れ親しんだプラバン。
樹脂をすみっこまで塗って、
ハイグレードな仕上がりに！

すみっコプラバンブローチ

楽しいプラバン作り！
お気に入りのポーズで作っても！

作り方 P.62

クッキー

形に焼いたらデコレーション！
すみっこまできれいに色を塗って……

すみっコアイシングクッキー

ふんわりかわいい色のアイシング。
だれから作りましょう？

練り切り

あんと求肥を混ぜて作ります。
すみっこまできれいに作りましょう！

たぴおかたち

すみっコ練り切り

ていねいに作ってあげて
楽しいお茶の時間に！

しろくま&ぺんぎん？

ねこ&とんかつ

作り方 P.63

さあ、作りましょう！

すみっこまでていねいに……
私だけのすみっコたち……
楽しんで作りましょう。

できたら
身につけたり、使ったり、
すみっこに飾ってあげたり……
大切に。

P.5 フェルトマスコット（ぺんぎん？）

材料 [フェルト] きみどり 15cm×10cm、白・薄黄 各適量
[25番刺しゅう糸] きみどり・白・薄黄・こげ茶・薄橙 各適量
[手芸綿] 適量

作り方

1 ボディ前を作ります。

2 足を作ります。

3 ボディに足をはさんで縫い合わせて、できあがり。

実物大の図案
※指定以外はフェルト1枚
※たてまつり・巻きかがりは、同色の25番刺しゅう糸1本

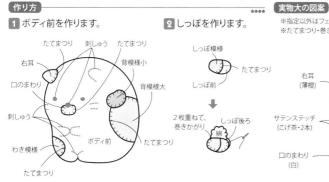

P.5 フェルトマスコット（ねこ）

材料 [フェルト] オフホワイト 15cm×10cm、薄橙・薄茶・白 各適量
[25番刺しゅう糸] オフホワイト・薄橙・薄茶・白・こげ茶 各適量
[手芸綿] 適量

作り方

1 ボディ前を作ります。

2 しっぽを作ります。

3 ボディにしっぽをはさんで縫い合わせて、できあがり。

実物大の図案
※指定以外はフェルト1枚
※たてまつり・巻きかがりは、同色の25番刺しゅう糸1本

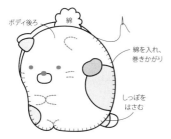

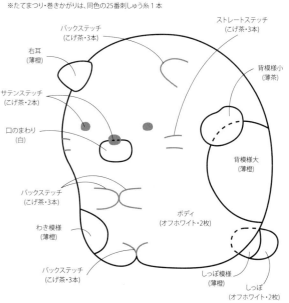

P.5 フェルトマスコット（とんかつ）

材料 [フェルト] 薄茶 15cm×10cm、ピンク 適量
[25番刺しゅう糸] 薄茶・ピンク・こげ茶 各適量
[手芸綿] 適量

作り方
1. ボディ前を作ります。
2. ボディを縫い合わせて、できあがり。

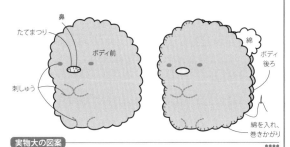

実物大の図案
※指定以外はフェルト1枚
※たてまつり・巻きかがりは、同色の25番刺しゅう糸1本

P.5 フェルトマスコット（しろくま）

材料 [フェルト] 白 15cm×10cm、ピンク・こげ茶 各適量
[25番刺しゅう糸] 白・ピンク・こげ茶 各適量
[手芸綿] 適量

作り方
1. ボディ前を作ります。
2. ボディを縫い合わせて、できあがり。

実物大の図案
※指定以外はフェルト1枚
※たてまつり・巻きかがりは、同色の25番刺しゅう糸1本

P.4 フェルトマスコット（ほこり）

材料 [フェルト] グレー 10cm×15cm
[25番刺しゅう糸] グレー・こげ茶 各適量
[手芸綿] 適量

作り方
1. ボディ前を作ります。
2. 手足を作ります。
3. ボディに手足をつけます。
4. ボディを縫い合わせて、できあがり。

実物大の図案
※指定以外はフェルト2枚
※たてまつり・巻きかがりは、同色の25番刺しゅう糸1本

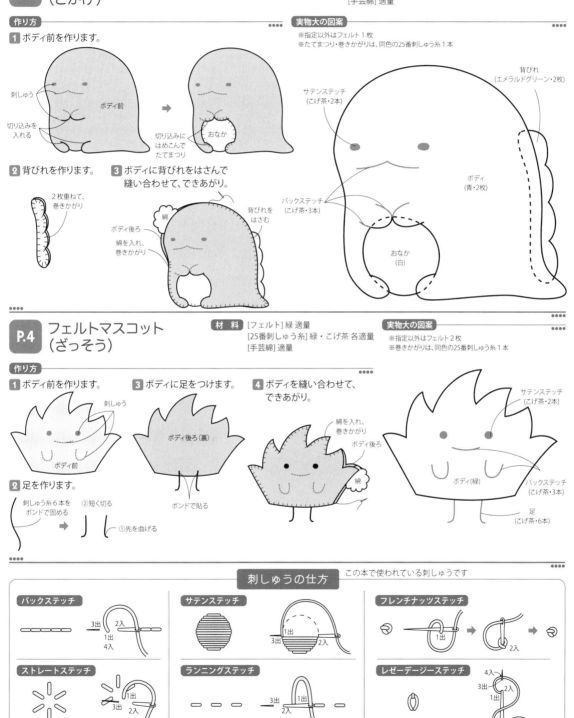

P.5 フェルトマスコット（えびふらいのしっぽ）

材料 [フェルト] 薄橙 10cm×5cm、オレンジ 適量
[25番しゅう糸] 薄橙・オレンジ・こげ茶 各適量
[手芸綿] 適量

実物大の図案
※指定以外はフェルト 2枚
※巻きかがりは、同色の25番しゅう糸1本

作り方
1. ボディ前を作ります。
2. しっぽを作ります。
3. ボディにしっぽをはさんで縫い合わせて、できあがり。

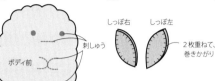

P.5 フェルトマスコット（ふろしき）

材料 [フェルト] ピンク 10cm×5cm、白 適量
[25番しゅう糸] 白・ピンク・濃いピンク・こげ茶 各適量
[手芸綿] 適量

実物大の図案
※指定以外はフェルト 1枚
※たてまつり・巻きかがりは、同色の25番しゅう糸1本

作り方
1. ボディを作ります。
2. 結び目を作ります。
3. ボディに結び目をつけて、できあがり。

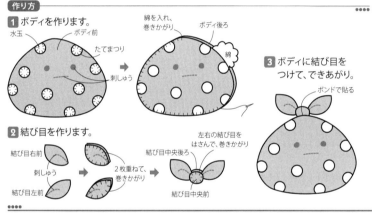

P.4 フェルトマスコット（たぴおか）

材料 [フェルト] 薄ピンク・薄黄 各10cm×5cm
[25番しゅう糸] 薄ピンク・薄黄・こげ茶 各適量
[手芸綿] 適量

実物大の図案
※指定以外はフェルト 2枚
※巻きかがりは、同色の25番しゅう糸1本

作り方
1. たぴおかを作ります。
3. 下のたぴおかと上のたぴおかをつけて、できあがり。

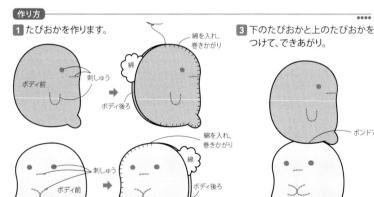

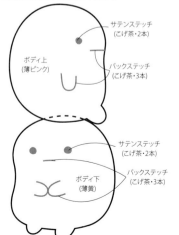

P.4 フェルトマスコット（にせつむり）

材料 [フェルト] 青 10cm×5cm、白 5cm×5cm
[25番刺しゅう糸] 青・白・こげ茶 各適量
[手芸綿] 適量

実物大の図案
※指定以外はフェルト1枚
※たてまつり・巻きかがりは、同色の25番刺しゅう糸1本

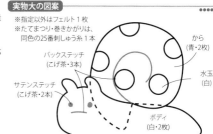

- から（青・2枚）
- バックステッチ（こげ茶・3本）
- サテンステッチ（こげ茶・2本）
- 水玉（白）
- ボディ（白・2枚）

作り方

1 ボディを作ります。

- 刺しゅう
- ボディ前
- 綿を入れ、巻きかがり
- ボディ後ろ
- 綿

2 からを作ります。

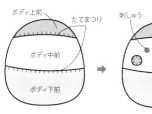
- たてまつり
- 模様
- から前

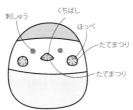
- 綿を入れ、巻きかがり
- から後ろ
- 綿

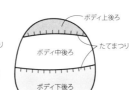
- 刺しゅう

3 ボディにからをつけて、できあがり。

からを前に出す [前]

ボンドで貼る [後ろ]

P.4 フェルトマスコット（すずめ）

材料 [フェルト] 薄黄・薄茶 各5cm×5cm、茶・こげ茶 各適量
[25番刺しゅう糸] 薄黄・薄茶・茶・こげ茶 各適量
[手芸綿] 適量

実物大の図案
※指定以外はフェルト1枚
※たてまつり・巻きかがりは、同色の25番刺しゅう糸1本

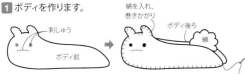

- サテンステッチ（こげ茶・3本）
- ボディ上（茶・2枚）
- くちばし（こげ茶）
- ボディ中（薄黄・2枚）
- ほっぺ（茶）
- ボディ下（薄茶・2枚）
- 羽（茶・2枚）
- 足（こげ茶・6本）

作り方

1 ボディ前を作ります。

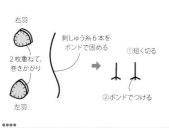
- ボディ上前
- たてまつり
- ボディ中前
- ボディ下前
- 刺しゅう
- くちばし
- ほっぺ
- たてまつり

2 ボディ後ろを作ります。

- ボディ上後ろ
- ボディ中後ろ
- たてまつり
- ボディ下後ろ

3 足、羽を作ります。

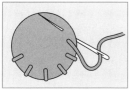
- 右羽
- 2枚重ねて、巻きかがり
- 左羽
- 刺しゅう糸6本をボンドで固める
- ①短く切る
- ②ボンドでつける

4 ボディに足をつけます。

- ボディ後ろ（裏）

5 ボディに足をはさんで縫い合わせます。

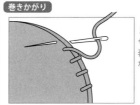
- 綿を入れ、巻きかがり
- 綿
- ボディ前
- ボディ後ろ
- ボンドで貼る

6 ボディに羽をつけて、できあがり。

- ボンドで貼る

フェルトの縫い方
同色の刺しゅう糸1本取りで縫います

たてまつり
1枚のフェルトにもう1枚のフェルトをのせるときに使います。布端に直角になるように刺します。

巻きかがり
2枚のフェルトを合わせるときに使います。表から見て、等間隔になるように刺します。

刺しゅう糸の選び方
なるべくフェルトと同じ色が良いのですが、同じ色がない場合、フェルトの色が濃い場合はやや濃い色、薄い場合はやや薄い色を選ぶとよいでしょう。

P.6 フェルトマスコット（ぺんぎん？INカップ）

材料 [フェルト] 白 15cm×5cm、きみどり 10cm×5cm、薄黄・ブルー 各適量
[25番刺しゅう糸] 白・きみどり・薄黄・ブルー・薄橙・こげ茶 各適量
[手芸綿] 適量

作り方

1 ぺんぎん？を作ります。

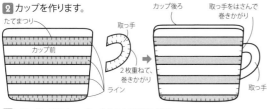

2 カップを作ります。

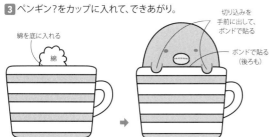

3 ペンギン？をカップに入れて、できあがり。

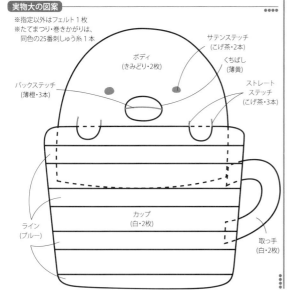

実物大の図案
※指定以外はフェルト1枚
※たてまつり・巻きかがりは、同色の25番刺しゅう糸1本

P.6 フェルトマスコット（とんかつINカップ）

材料 [フェルト] 薄茶・薄ピンク 各15cm×5cm、ピンク・茶 各適量
[25番刺しゅう糸] 薄茶・ピンク・薄ピンク・茶・こげ茶 各適量
[手芸綿] 適量

作り方

1 とんかつを作ります。

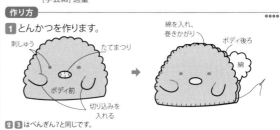

2 3 はぺんぎん？と同じです。

実物大の図案
※指定以外はフェルト1枚
※たてまつり・巻きかがりは、同色の25番刺しゅう糸1本

P.6 たぴおかINカップ

実物大の図案
※指定以外はフェルト2枚
※巻きかがりは、同色の25番刺しゅう糸1本

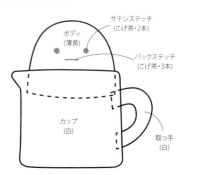

P.6 フェルトマスコット（しろくまINカップ）

材料
[フェルト] 白・ピンク 各15cm×5cm、こげ茶 適量
[25番刺しゅう糸] 白・ピンク・こげ茶 各適量
[手芸綿] 適量

作り方

1 しろくまを作ります。

2 カップを作ります。

3 はP.38ぺんぎん？と同じです

実物大の図案
※指定以外はフェルト1枚
※たてまつり・巻きかがりは、同色の25番刺しゅう糸1本

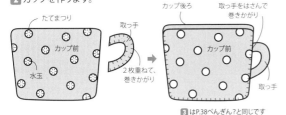

P.6 フェルトマスコット（ねこINカップ）

材料
[フェルト] 薄橙 15cm×5cm、オフホワイト 10cm×5cm、
白・薄茶 各適量
[25番刺しゅう糸] 薄橙・オフホワイト・白・薄茶・ベージュ・こげ茶 各適量
[手芸綿] 適量

作り方

1 ねこを作ります。

2 カップを作ります。

3 はP.38ぺんぎん？と同じです

実物大の図案
※指定以外はフェルト1枚
※たてまつり・巻きかがりは、同色の25番刺しゅう糸1本

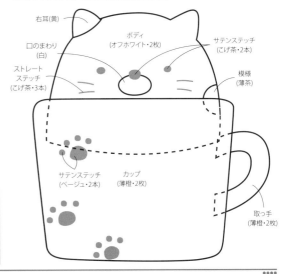

P.6 フェルトマスコット（たぴおかINカップ）

※実物大の図案はP.38にあります

材料
[フェルト] 白・薄黄 各10cm×5cm
[25番刺しゅう糸] 白・薄黄・こげ茶 各適量
[手芸綿] 適量

作り方

1 たぴおかを作ります。

2 カップを作ります。

3 はP.38ぺんぎん？と同じです

P.7 フェルトマスコット（ぺんぎん？（読書））

材料 [フェルト] きみどり 15cm×10cm、ブルー 10cm×5cm、白・薄黄 各適量
[25番刺しゅう糸] きみどり・ブルー・白・青・薄黄・こげ茶・薄橙 各適量
[手芸綿] 適量

作り方

1. ボディ前を作ります。
2. 本を作ります。
3. 本をボディ前につけ、ボディを縫い合わせます。
4. 手足を作り、ボディにつけて、できあがり。

実物大の図案

※指定以外はフェルト1枚
※たてまつり・巻きかがりは、同色の25番刺しゅう糸1本

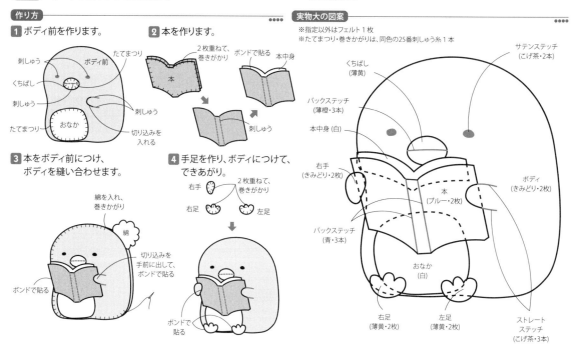

P.7 フェルトマスコット（しろくま＆カップ）

材料 [フェルト] 白 15cm×10cm、ピンク・こげ茶・薄茶 各適量
[25番刺しゅう糸] 白・ピンク・こげ茶 各適量
[手芸綿] 適量

作り方

1. ボディ前を作ります。
2. カップを作ります。

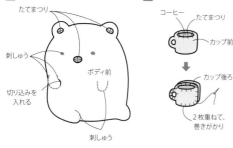

3. ボディにカップをつけます。
4. ボディを縫い合わせて、できあがり。

実物大の図案

※指定以外はフェルト1枚
※たてまつり・巻きかがりは、同色の25番刺しゅう糸1本

P.7 フェルトマスコット（とんかつIN袋）

材料 [フェルト] 薄黄 15cm×10cm、薄茶 10cm×5cm、ピンク 適量
[25番刺しゅう糸] 薄黄・薄茶・ピンク・茶・こげ茶 各適量
[手芸綿] 適量

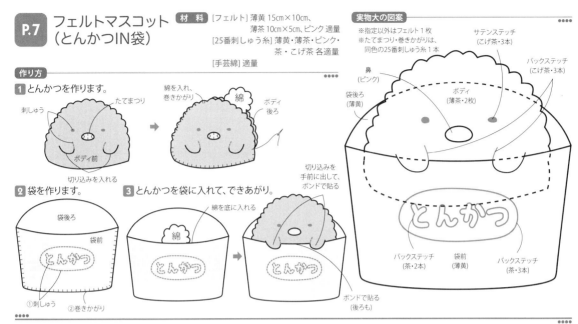

P.7 フェルトマスコット（ねこIN缶）

材料 [フェルト] オフホワイト 15cm×10cm、薄橙 15cm×5cm、薄黄・オレンジ・薄茶・グレー・白 各適量
[25番刺しゅう糸] オフホワイト・薄橙・薄黄・オレンジ・薄茶・白・やまぶき・こげ茶 各適量
[手芸綿] 適量

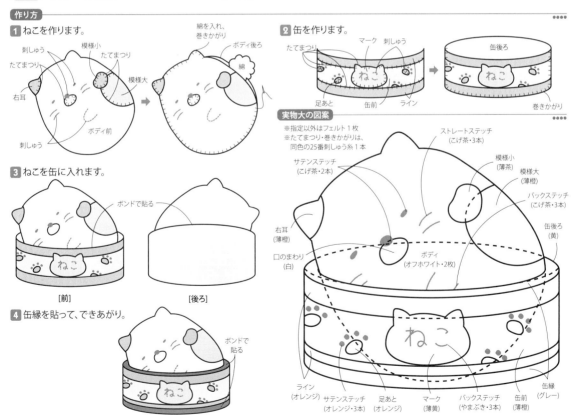

P.8 羊毛フェルト（ぺんぎん？・ねこ・ざっそう・みかん・しろくま）

材料 [羊毛フェルト(ハマナカ フェルト羊毛・ソリッド)]
ぺんぎん？ きみどり(33)・黄(21)・白(1)・こげ茶(34) 各適量
ねこ 白(1)・黄(21)・ベージュ(29)・こげ茶(34) 各適量
しろくま 白(1)・こげ茶(34)・ピンク(37) 各適量
ざっそう みどり(27)・ベージュ(29)・こげ茶(34) 各適量
みかん みどり(27)・こげ茶(34) 各適量
(ハマナカ フェルト羊毛・ナチュラルブランド)みかん オレンジ(822)

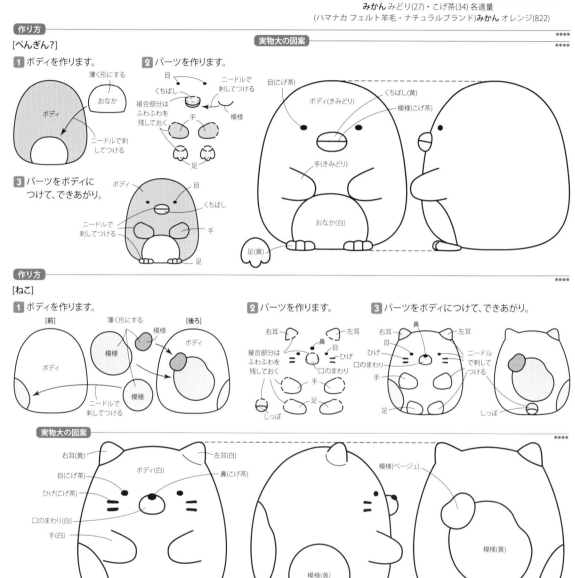

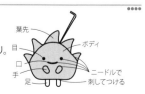

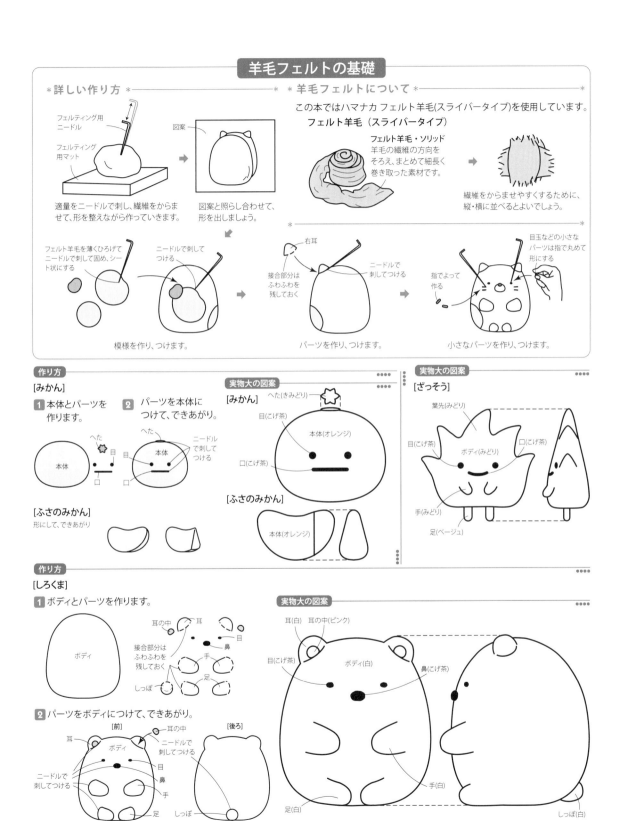

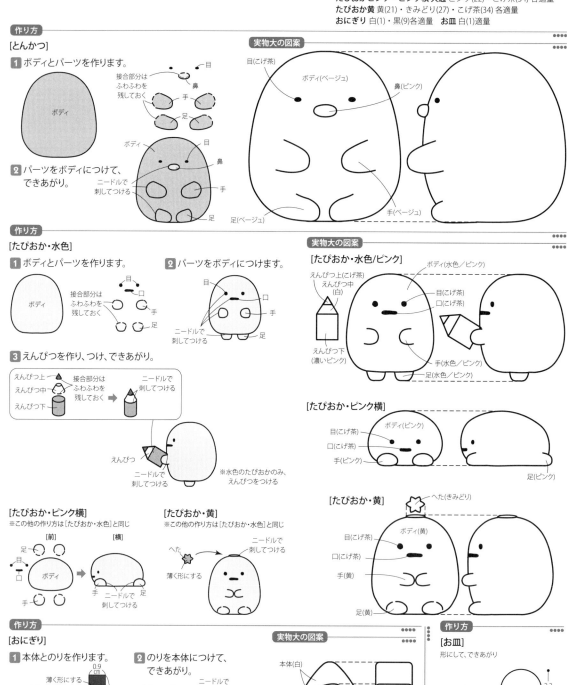

P.12 あみぐるみ (しろくま・ねこ)

材料 [毛糸(ハマナカボニー)]
しろくま 白(401)25g、こげ茶(419)・薄ピンク(405)各適量
ねこ オフホワイト(442)25g、ベージュ(406)5g、薄茶(418)・白(401)・こげ茶(419)各適量
[手芸綿]各適量
7.5/0号かぎ針、とじ針

[ゲージ] 細編み 10cm角 15段 14目

作り方

[しろくま]

1 パーツを編み、綿を入れます。

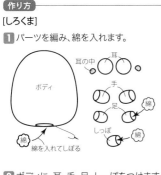

2 ボディに、耳・手・足・しっぽをつけます。

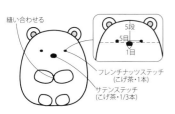

3 手を縫い合わせ、顔をつけて、できあがり。

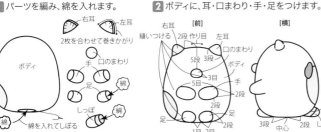

編み図

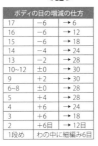

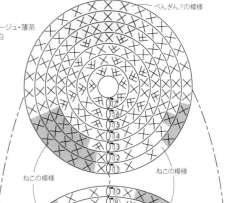

段	増減	目数
17	−6	→ 6
16	−6	→ 12
15	−6	→ 18
14	−4	→ 24
13	−2	→ 28
10～12	±0	→ 30
9	+2	→ 30
6～8	±0	→ 28
5	+4	→ 28
4	+6	→ 24
3	+6	→ 18
2	+6	→ 12
1段め	わの中に細編み6目	

作り方

[ねこ]

1 パーツを編み、綿を入れます。

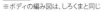

2 ボディに、耳・口まわり・手・足をつけます。

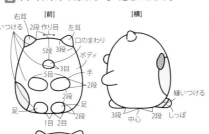

3 手を縫い合わせ、顔をつけて、できあがり。

編み図
※ボディの編み図は、しろくまと同じ

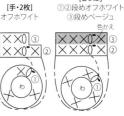

P.12 あみぐるみ（ぺんぎん？・たぴおか・えびふらいのしっぽ）

材料 [毛糸(ハマナカボニー)]
ぺんぎん？ きみどり(495)20g、白(401)・クリーム(478)・こげ茶(419)各適量
たぴおか クリーム(478)・水色(439)・薄ピンク(405)各15g、こげ茶(419)適量
えびふらいのしっぽ クリーム(478)15g、オレンジ(414)5g、こげ茶(419)適量
[手芸綿]各適量
7.5/0号かぎ針、とじ針

[ゲージ] 細編み 10cm角 15段 14目

作り方
[ぺんぎん？]

1 パーツを編み、綿を入れます。
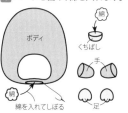

2 ボディに、くちばし・手・足をつけます。
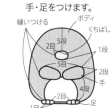

3 手を縫い合わせ、顔をつけて、できあがり。
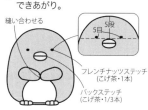

編み図
※ボディの編み図は、P.45しろくまと同じ

作り方
[たぴおか]

1 パーツを編み、綿を入れます。
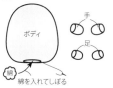

2 ボディに、手・足をつけます。
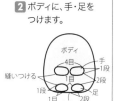

3 手を縫い合わせ、顔をつけて、できあがり。

編み図
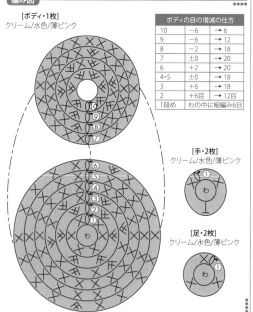

ボディの目の増減の仕方		
10	−6	→ 6
9	−6	→ 12
8	−2	→ 18
7	±0	→ 20
6	+2	→ 20
4・5	±0	→ 18
3	+6	→ 18
2	+6目	→ 12目
1段め	わの中に細編み6目	

作り方
[えびふらいのしっぽ]

1 パーツを編み、綿を入れます。
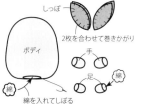

2 ボディに、手・足・しっぽをつけます。
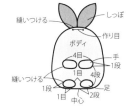

3 手を縫い合わせ、顔をつけて、できあがり。

編み図
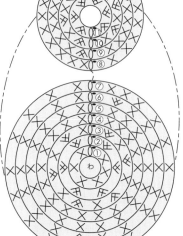

ボディの目の増減の仕方		
11	−6	→ 6
10	−6	→ 12
9	−2	→ 18
7・8	±0	→ 20
6	+2	→ 20
4・5	±0	→ 18
3	+6	→ 18
2	+6目	→ 12目
1段め	わの中に細編み6目	

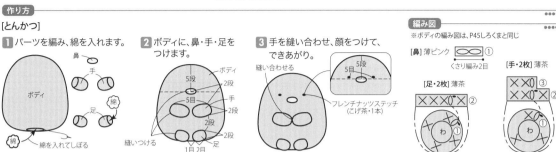
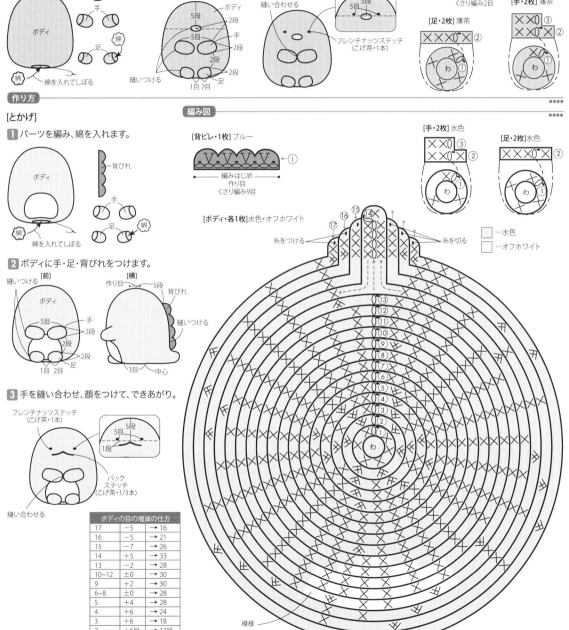

P.12 あみぐるみ（にせつむり・ふろしき・ほこり）

材料
[毛糸]ハマナカボニー
にせつむり オフホワイト(442)10g、水色(439)10g、ブルー(472)・こげ茶(419)各適量
ふろしき 薄ピンク(405)10g、オフホワイト(442)・こげ茶(419)各適量
ほこり グレー(486)10g、こげ茶(419)適量
[手芸綿]各適量　7.5/0号かぎ針、とじ針

[ゲージ] 細編み 10cm角 15段 14目

作り方

[にせつむり]

1. パーツを編み、綿を入れます。

2. ボディに、殻と触覚をつけます。

3. 顔と模様をつけて、できあがり。

編み図

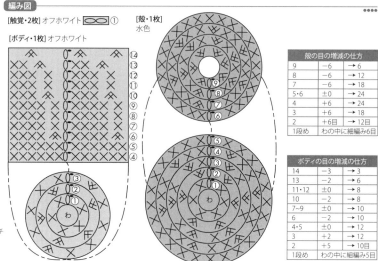

殻の目の増減の仕方		
9	−6	→6
8	−6	→12
7	−6	→18
5・6	±0	→24
4	+6	→24
3	+6	→18
2	+6目	→12目
1段め	わの中に細編み6目	

ボディの目の増減の仕方		
14	−3	→3
13	−2	→6
11・12	±0	→8
10	−2	→8
7〜9	±0	→10
6	−2	→10
4・5	±0	→12
3	+2	→12
2	+5	→10目
1段め	わの中に細編み5目	

作り方

[ふろしき]

1. パーツを編み、綿を入れます。

2. パーツを組み合わせます。

3. 顔と模様をつけて、できあがり。

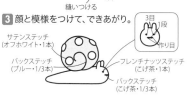

編み図

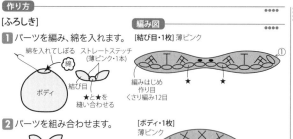

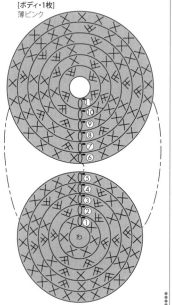

ボディの目の増減の仕方		
11	−4	→4
10	−4	→8
9	−3	→12
8	−5	→15
7	−4	→20
5・6	±0	→24
4	+6	→24
3	+6	→18
2	+6目	→12目
1段め	わの中に細編み6目	

作り方

[ほこり]

1. パーツを編み、綿を入れます。

2. パーツを組み合わせます。

3. 顔をつけて、できあがり。

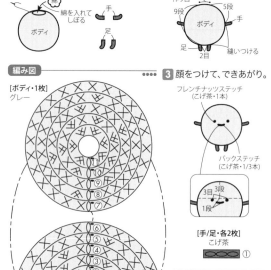

ボディの目の増減の仕方		
11	−6	→6
10	−6	→12
9	−4	→18
8	−2	→22
6・7	±0	→24
5	+2	→24
4	+4	→22
3	+6	→18
2	+6目	→12目
1段め	わの中に細編み6目	

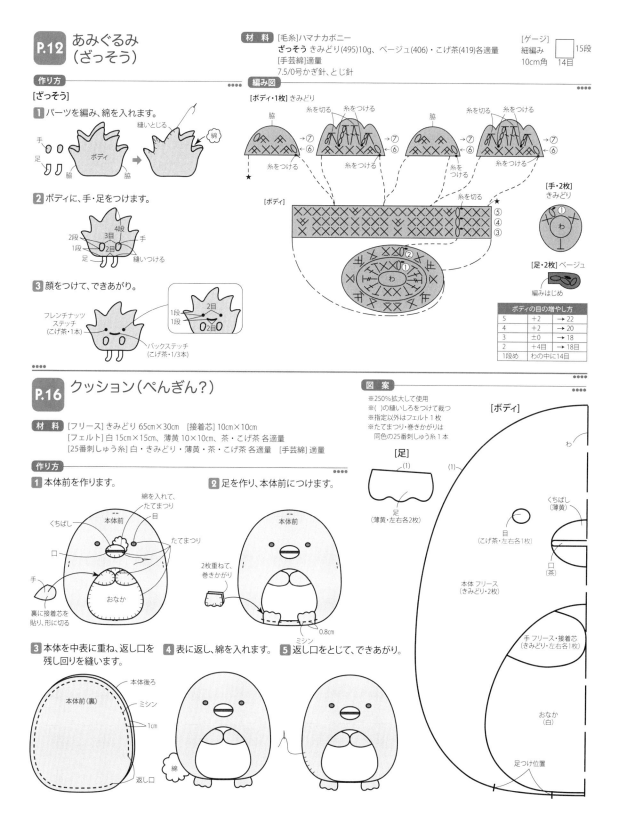

P.16 クッション（しろくま）

材料 [フリース] 白 80cm×30cm　[接着芯] 10cm×10cm
[フェルト] ピンク、こげ茶 各5cm×5cm　[25番刺しゅう糸] 白・ピンク・こげ茶 各適量
[手芸綿] 適量

作り方

1. 本体前、後ろを作ります。
   ※手の作り方はP.49ぺんぎん?と同じ

2. 耳、足を作り、本体前につけます。

3. 以降はP.49ぺんぎん?と同じです

図案
※250%拡大して使用
※( )の縫いしろをつけて裁つ
※指定以外はフェルト1枚
※たてまつりは、同色の25番刺しゅう糸1本

P.17 クッション（とんかつ）

材料 [ボア] 茶 70cm×30cm　[接着芯] 茶20cm×10cm　[フェルト] ピンク・こげ茶 各適量
[25番刺しゅう糸] 茶・ピンク・こげ茶 各適量　[手芸綿] 適量

図案
※250%拡大して使用
※( )の縫いしろをつけて裁つ
※ボディ、足はしろくまと同じで、ボア（茶）
※指定以外はフェルト1枚
※たてまつりは、同色の25番刺しゅう糸1本

作り方

1. 本体前を作ります。
   ※手の作り方はP.49ぺんぎん?と同じ

2. 足を作り、本体前につけます。
   ※足の作り方はしろくまと同じ

3. 以降はP.49ぺんぎん?と同じです

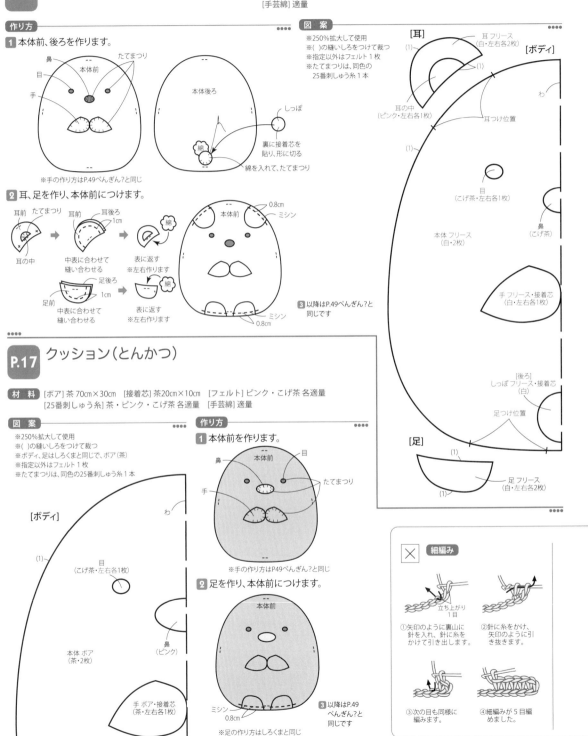

P.17 クッション(ねこ)

材料 [フリース] クリーム 75cm×30cm、ベージュ 30cm×15cm
[接着芯] 30cm×15cm [フェルト] 茶 10cm×10cm、こげ茶・白各適量
[25番刺しゅう糸] ベージュ・クリーム・茶・白・こげ茶各適量 [手芸綿] 適量

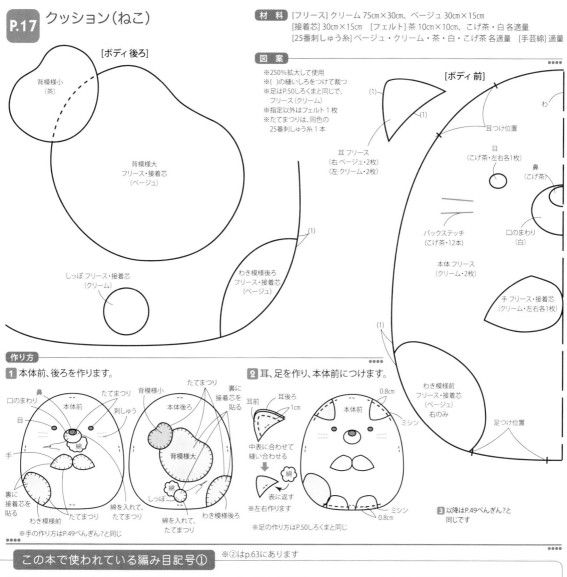

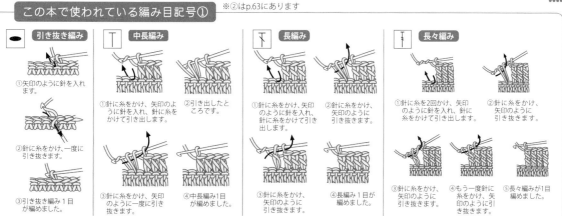

P.18 すみっコトートバッグ

材料
[布(帆布)] 生成り70cm×35cm　[アクリルテープ] 茶2.5cm幅 85cm
[フェルト] 白・きみどり・オフホワイト・薄茶 各5cm×10cm、薄黄・緑・薄橙・グレー・ピンク 各適量
[25番刺しゅう糸] 白・きみどり・オフホワイト・薄茶・薄黄・緑・薄橙・グレー・ピンク・こげ茶 各適量
[キーホルダー用ボールチェーン] 12cm

作り方

1 本体の端の始末をして、アップリケをします。

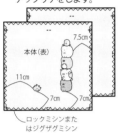

ロックミシンまたはジグザグミシン

2 持ち手をつけます。
※裏も同様に縫う

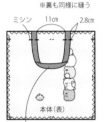

アクリルテープ42cm

3 本体の回りを縫います。

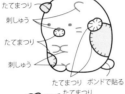

実物大の図案
※指定以外はフェルト1枚
※たてまつりは、同色の25番刺しゅう糸1本

フレンチナッツステッチ (こげ茶・3本)
ストレートステッチ (こげ茶・3本)
ざっそう (緑)
バックステッチ (こげ茶・3本)
バックステッチ (こげ茶・6本)
フレンチナッツステッチ (こげ茶・3本)
ストレートステッチ (こげ茶・3本)

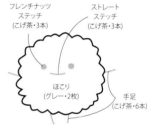

ほこり (グレー・2枚)
手足 (こげ茶・6本)

製図
※( )内は縫いしろ

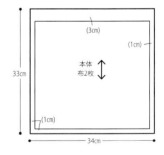

本体 布2枚
33cm　34cm
(3cm)　(1cm)　(1cm)

4 底マチを縫います。

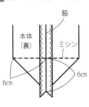

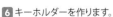

5 入れ口を縫います。

6 キーホルダーを作ります。

刺しゅう糸6本をボンドで固める
輪にしてボンドで貼る
短く切ってボンドで貼る
刺しゅう
ボディ後ろ(裏)
ボディ前
②ボールチェーンを通す
①巻きかがり

6 キーホルダーをバッグにつけ、できあがり。

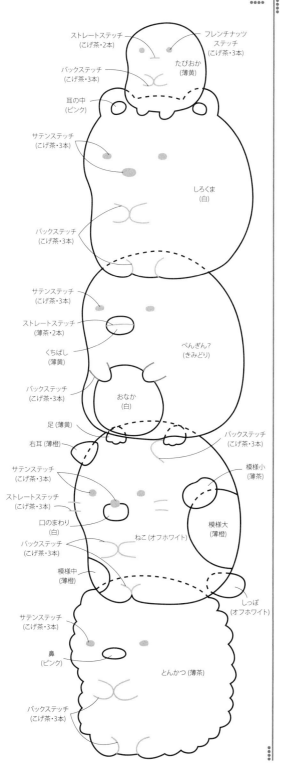

P.19 ふろしきペンケース

材料
[布(帆布)] 生成り50cm×15cm　[接着芯] 50cm×15cm
[フェルト] ピンク 10cm×5cm、白 適量
[25番刺しゅう糸] 茶・ピンク・白・こげ茶 各適量
[ファスナー] ピンク20cm 1本

作り方

1 本体に接着芯を貼り、端の始末をします。

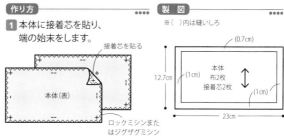

製図
※( )内は縫いしろ

2 刺しゅう、アップリケをします。

3 本体にファスナーをつけます。

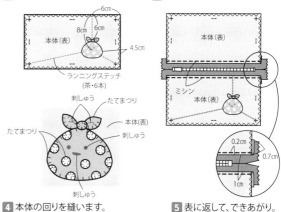

4 本体の回りを縫います。

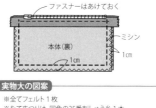

5 表に返して、できあがり。

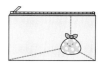

実物大の図案
※全てフェルト1枚
※たてまつりは、同色の25番刺しゅう糸1本

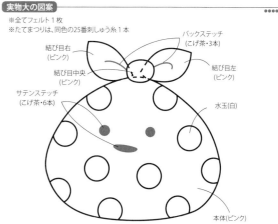

P.19 とんかつ巾着

材料 [布(シーチング)] クリーム 45cm×30cm
[フェルト] 薄茶10cm×10cm、薄橙10cm×5cm、薄黄・茶・オレンジ・白・ピンク・きみどり 各適量
[25番刺しゅう糸] 薄茶・薄橙・薄黄・茶・濃いピンク・オレンジ・白・ピンク・きみどり・こげ茶 各適量
[丸ひも] 茶 太さ0.5cm 130cm [手芸綿] 適量

作り方

1. 本体の端の始末をし、アップリケをします。
2. 本体の回りをあき止まりまで縫います。
3. 入れ口を縫います。
4. ひもを通して、できあがり。

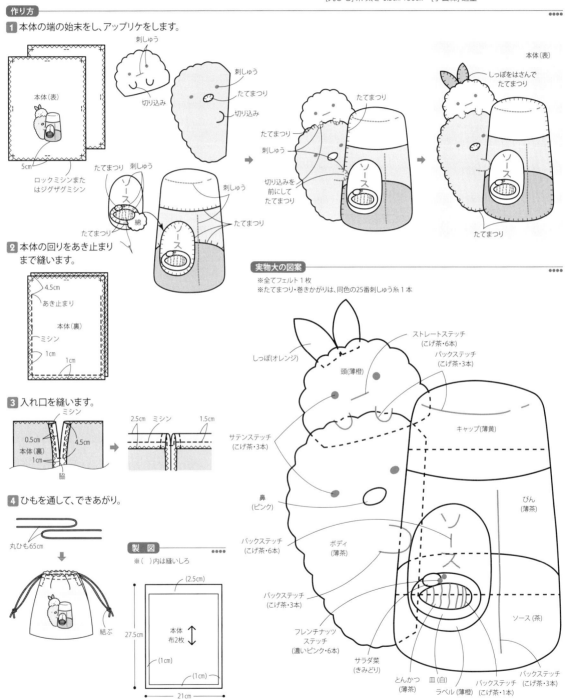

P.20 がまぐち（ぺんぎん？）

材料 [フリース] きみどり 25cm×15cm　[裏布(厚手木綿地)] きみどり 25cm×15cm
[接着芯] 25cm×15cm　[フェルト] 白 5cm×5cm、薄黄 適量
[25番刺しゅう糸] きみどり・白・薄黄・黄・茶・こげ茶 各適量
[口金] 9cm×4cm 1個　[紙ひも] 適量

作り方

1. 本体に接着芯を貼り、形に切ります。
2. 目を刺しゅうして、くちばし、手、おなかをつけます。
3. 足を作り、本体につけます。
4. 本体を中表に重ね、回りをあき止まりまで縫います。
5. 裏布を中表に重ね、回りをあき止まりまで縫い、表に返します。
6. 本体に裏布を入れ、返し口を残して、入れ口を縫います。
7. 表に返して、返し口をとじ、入れ口を縫います。
8. 入れ口を口金の溝に入れます。
9. 紙ひもを溝に入れます。
10. 口金を押さえて、できあがり。

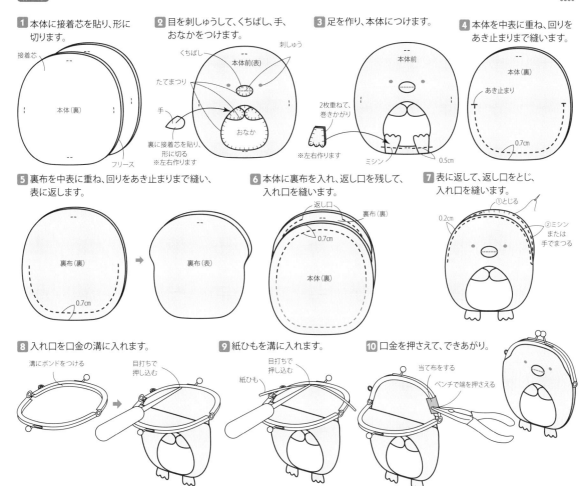

P.20 がまぐち（とんかつ）

材料 [ボア] 茶 25cm×15cm　[裏布(厚手木綿地)] 茶 25cm×15cm　[接着芯] 25cm×15cm
[フェルト] ピンク・こげ茶 各適量　[25番刺しゅう糸] 茶・ピンク・こげ茶 各適量
[口金] 9cm×4cm 1個　[紙ひも] 適量

作り方

1. 本体に接着芯を貼り、形に切ります。
2. 目、鼻、手をつけます。
3. 足を作り、本体につけます。

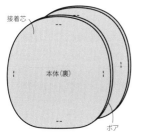
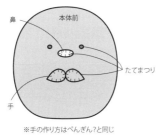

※足の作り方はP.56しろくまと同じ

4 以降はぺんぎん？の 4〜10 と同じです

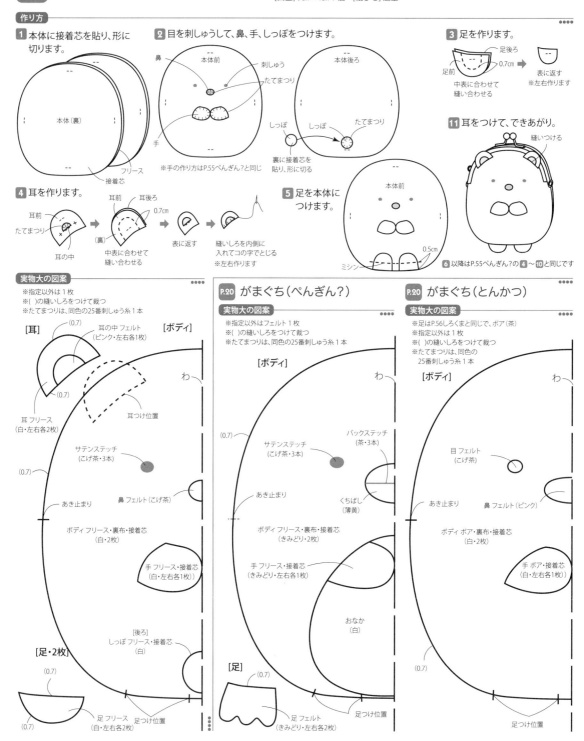

P.20 がまぐち（ねこ）

材料 [フリース] クリーム 30cm×15cm、ベージュ 15cm×5cm
[裏布(厚手木綿地)] クリーム 25cm×15cm　[接着芯] 30cm×15cm
[フェルト] 白・茶・こげ茶 各適量　[25番刺しゅう糸] クリーム・ベージュ・白・こげ茶 各適量
[口金] 9cm×4cm 1個　[紙ひも] 適量

作り方

1. 本体に接着芯を貼り、形に切ります。
2. 目、ひげを刺しゅうして、鼻、口のまわり、手、しっぽ、模様をつけます。
3. 耳、足を作ります。
4. 足を本体につけます。
5. 以降はP.55ぺんぎん?の 4〜10と同じです
11. 耳をつけて、できあがり。

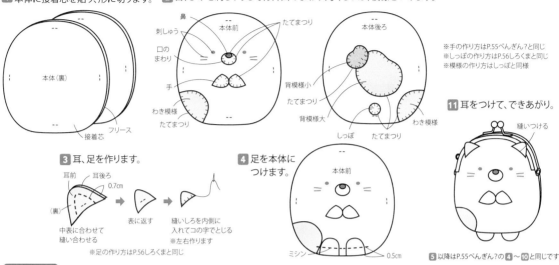

実物大の図案

※足はP.56しろくまと同じで、フリース（クリーム）　※（ ）の縫いしろをつけて裁つ
※指定以外はフェルト1枚
※同色の25番刺しゅう糸1本でたてまつり

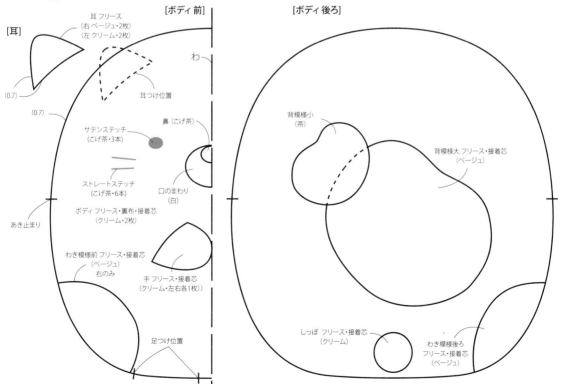

P.24 すみっコレター折り紙

材料 [折り紙]ねこ クリーム 15cm×15cm 1枚、薄橙・白各適量
しろくま 白 15cm×15cm 1枚、ピンク適量

------- 谷折り　―――― 山折り　――― 折り目

作り方

ねこ
※実物大図案は59ページ

1
裏にして置き、十字に折り目をつけます。

2
左右をまん中に折り合わせます。

3
上をまん中に合わせて折ります。

4
上を写真のように開いてたたみます。

5
左右の角を折り上げます。

6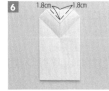
上の両角を三角に折ります。

7
もう一度、上の両角を三角に折ります。

8
上の左右を斜めに折ります。

9
もう一度、上の左右を斜めに折ります。

10
下をまん中に合わせて折ります。

11
下を写真のように開いてたたみます。

12
左右の角を折り下げます。

13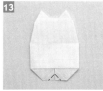
裏返して、下の両角を三角に折ります。

14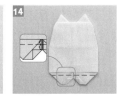
もう一度、下の両角を三角に折ります。

15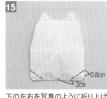
下の左右を写真のように折り上げます。

16
裏返して、下の両角を折ります。

17
表に返して口のまわりと模様を貼ります。

18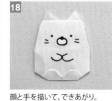
顔と手を描いて、できあがり。

しろくま
※実物大図案は60ページ

1
ねこの①〜⑤まで折ります。

2
上の両角を三角に折ります。

3
上の両角を斜めに折ります。

4
上の左右を斜めに折ります。

5
ねこの⑩〜⑯と同じに折り、耳の中を貼り、顔と手を描いて、できあがり。

折り方

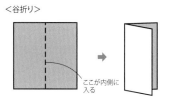
<谷折り>
ここが内側に入る

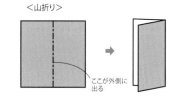
<山折り>
ここが外側に出る

材料 [折り紙]とんかつ 薄茶 15cm×15cm 1枚、ピンク 適量
ぺんぎん？ きみどり 15cm×15cm 1枚、白・薄黄 各適量

------- 谷折り　--------- 山折り　------- 折り目

とんかつ

※実物大図案は60ページ

1
裏にして置き、十字に折り目をつけます。

2
左右をまん中に折り合わせます。

3
上をまん中に合わせて折ります。

4
上の左右を斜めに折ります。

5
ねこの⑩〜⑯と同じに折り、表に返して、鼻を貼ります。

6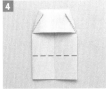
顔と手を描いて、できあがり。

ぺんぎん？

※実物大図案は60ページ

1
裏にして置き、十字に折り目をつけます。

2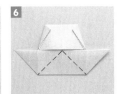
左右をまん中に折り合わせます。

3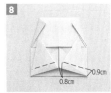
上をまん中に合わせて折ります。

4
上の左右を斜めに折ります。

5
下をまん中に合わせて折ります。

6
下を写真のように開いてたたみます。

7
左右の角を折り下げます。

8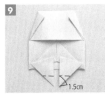
下の左右を斜めに折ります。

9
⑧を写真のように斜めに折り下げます。

10
下の左右の角を三角に折ります。

11
下の両角を三角に折ります。

12
表に返して、くちばし・お腹・足を貼ります。

13
顔と手を描いて、できあがり。

実物大の図案

※指定以外はペン（こげ茶）で描く

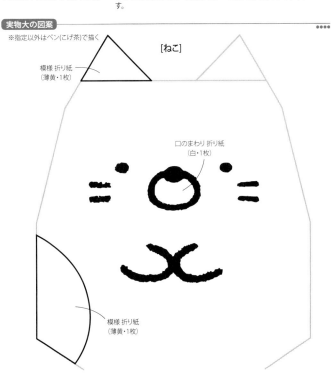

[ねこ]
模様 折り紙（薄黄・1枚）
口のまわり 折り紙（白・1枚）
模様 折り紙（薄黄・1枚）

59

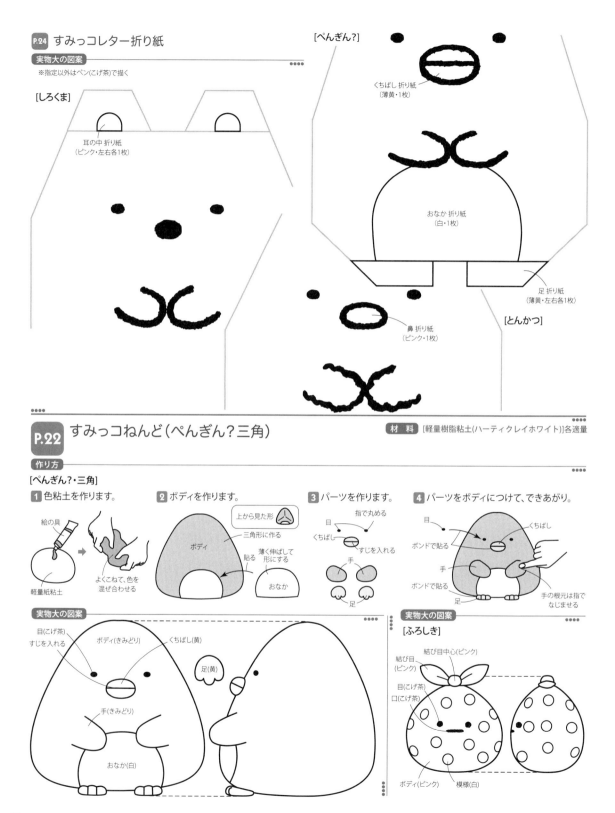

P.22 すみっコねんど（ぺんぎん？・しろくま・とんかつ・ねこ・ふろしき・たぴおか）

材料 [軽量樹脂粘土(ハーティクレイホワイト)]各適量

作り方

[ぺんぎん？] ※実物大の図案はP.42羊毛フェルトのぺんぎん？と同じ

1. 色粘土を作り、ボディを作ります。
2. パーツを作ります。
3. パーツをボディにつけて、できあがり。

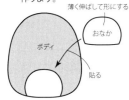

[とんかつ] ※実物大の図案はP.44羊毛フェルトのとんかつと同じ

1. 色粘土を作り、ボディとパーツを作ります。

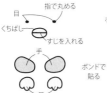

2. パーツをボディにつけて、できあがり。

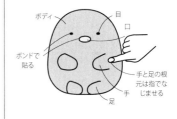

作り方

[しろくま] ※実物大の図案はP.43羊毛フェルトのしろくまと同じ

1. 色粘土を作り、ボディとパーツを作ります。
2. パーツをボディにつけて、できあがり。

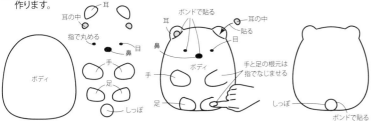

作り方

[ねこ] ※実物大の図案はP.42羊毛フェルトのねこと同じ

1. 色粘土を作り、ボディを作ります。
2. パーツを作ります。
3. パーツをボディにつけて、できあがり。

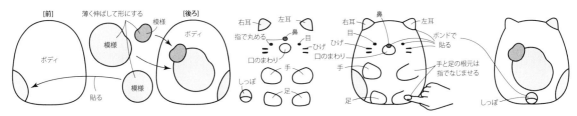

作り方

[ふろしき] ※実物大の図案はP.60

1. 色粘土を作り、ボディとパーツを作ります。

2. パーツをボディにつけて、できあがり。

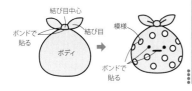

作り方

[たぴおか・黄/ピンク] ※実物大の図案はP.44たぴおかと同じ

1. 色粘土を作り、ボディとパーツを作ります。

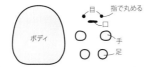

2. パーツをボディにつけて、できあがり。

作り方

[たぴおか・ピンク横] ※実物大の図案はP.44たぴおかと同じ

1. 色粘土を作り、ボディとパーツを作ります。

2. パーツをボディにつけて、できあがり。

P.26 すみっコプラバンブローチ

材料 [プラ板] 白 各適量
[ブローチピン] シルバー 2.5cm 各1個
[レジン] 各適量

作り方

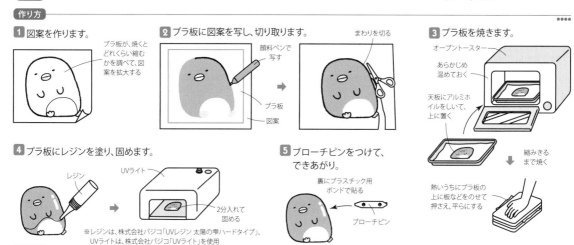

図案

※土台は全てプラ板1枚
※全て顔料ペンで描く

P.28 すみっコアイシングクッキー

材料
- 無塩バター ── 50g
- 粉糖 ── 50g
- 卵 ── 1/2個
- [粉類]
  - 薄力粉 ── 100g
  - ベーキングパウダー ── 小さじ1/2
  - 塩 ── 少々
- [アイシング]
  - 粉糖 ── 60g
  - 水 ── 小さじ1と1/2
  - 色粉(赤・青・黄) ── 各少々
  - 水 ── 少々
  - チョコレートペン ── 少々

下準備
バター、卵は室温に戻しておく。
粉類は合わせてふるっておく。
天板にクッキングシートを敷いておく。
オーブンは180℃に予熱しておく。

作り方
1. ボウルにバター、粉糖を入れ、泡立て器で白っぽくなるまでよく混ぜる。
2. 1に溶いた卵を少しずつ加えて混ぜる。
3. 2にふるった粉類を加え、へらでさっくりと切るように混ぜ合わせる。
4. 生地をひとまとめにし、ラップで包み、冷蔵庫で約1時間休ませる。
5. 台に薄力粉(分量外)をふり、生地を麺棒で3mmの厚さにのばし、キャラクターの形に切り、天板にのせ、180℃のオーブンで約12分焼く。
6. 粉糖と水を合わせてアイシングを作り、必要な色数に分けて、それぞれに水で溶いた色粉を加える。
7. アイシングをパイピングチューブに入れて、クッキーにキャラクターを描き、目などはチョコレートペンで描く。

図案
※P33 フェルトマスコットのぺんぎん?・ねこ、P34 とんかつ・しろくま・ほこり、P35 とかげ・ざっそう、P36 えびふらいのしっぽ・ふろしき・たぴおか、P37 にせつむり・すずめと同じ
※全て80%に縮小して使用する

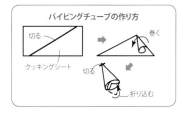
パイピングチューブの作り方

P.30 すみっコ練り切り

材料
- 白あん ── 400g
- [求肥]
  - 白玉粉 ── 40g
  - グラニュー糖 ── 20g
  - 水 ── 大さじ4
- 抹茶・きな粉・コーヒー ── 各少々
- 色粉(赤・青・黄) ── 各少々
- 水 ── 少々
- チョコレートペン ── 少々

作り方
1. 鍋に白あんを入れ、弱火にかけ、水分をとばす。
2. 耐熱ボウルに白玉粉、グラニュー糖を入れ、水を少しずつ加え、泡立て器でだまができないように混ぜる。
3. ラップをして電子レンジで約40秒加熱し、取り出してへらで混ぜる。
4. バットに片栗粉(分量外)を敷き、求肥をのせる。上にも片栗粉(分量外)をかけて、冷ます。
5. ボウルに白あんを入れ、4の求肥を加えて混ぜる。
6. 必要な色数に分けて、きみどりは抹茶、ベージュはきな粉、こげ茶はコーヒー、その他の色は水で溶いた色粉を加えて作る。キャラクターの形に作り、目などはチョコレートペンで描く。

図案
※P42 羊毛フェルトのぺんぎん?・ねこ、P43 しろくま、P44 とんかつ・たぴおかと同じ
※全て半立体に作る

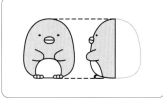

この本で使われている編み目記号②

※この他の編み記号は、P50-51にあります

 細編み2目編み入れる

②同じ目に細編みをもう1目編みます。
①細編みを1目編みます。
細編みを前段の目に2目編み入れます。

 細編み2目一度

①前段の2目から目を拾って編みます。
②続けて同様にします。針に糸をかけ、矢印のように一度に引き抜きます。
③細編み2目一度が編めました。

 すじ編み

①前段の向こう側の目を1本すくうように針を入れます。
②針に糸をかけ、引き出します。
③針に糸をかけ、矢印のように一度に引き抜きます。
④すじ編み1目が編めました。

 細編みのすじ編み2目一度

①前段の向こう側の目を1本すくうように針を入れます。
②針に糸をかけ、引き出します。
③次の目に針を入れ、糸をかけ、引き抜き、もう一針に糸をかけます。
④一度に引き抜き、こま編みのすじ編み2目一度が編めました。

 長編みを2目編み入れる　前段の1目に長編み2目を編み入れます。

スタッフ

作品デザイン
　寺西 恵里子

作品制作
　森 留美子　室井 佑季子　関 亜紀子　齊藤 沙耶香
　やの ちひろ　並木 明子

監修
　サンエックス 株式会社

撮影
　奥谷 仁

ブックデザイン
　NEXUS DESIGN

編集協力
　サンエックス 株式会社
　ピンクパールプランニング

DTP
　東京カラーフォト・プロセス 株式会社

編集担当
　石橋 美樹　石田 由美

協賛メーカー

ハマナカ 株式会社
京都本社
　〒616-8585　京都市右京区花園薮ノ下町2番地の3
　☎ 075(463)5151(代)　FAX 075(463)5159
東京支店
　〒103-0007　東京都中央区日本橋浜町1丁目11番10号
　☎ 03(3864)5151(代)　FAX 03(3864)5150
ホームページ
　http://www.hamanaka.jp/

株式会社 パジコ
本　社
　〒150-0001　東京都渋谷区神宮前1-11-11-607
　☎ 03(6804)5171(代)
ホームページ
　http://www.padico.co.jp/

すみっコぐらしのハンドメイドBOOK

編集人
　石田 由美
発行人
　永田 智之
発行所
　株式会社 主婦と生活社
　　〒104-8357　東京都中央区京橋3-5-7
　　http://www.shufu.co.jp/
　　編集代表 ☎ 03-3563-5361　FAX 03-3563-0528
　　販売代表 ☎ 03-3563-5121
　　広告代表 ☎ 03-3563-5131
　　生産代表 ☎ 03-3563-5125
印刷所
　大日本印刷 株式会社
製本所
　株式会社 若林製本工場

©2015 San-X Co., Ltd. All Rights Reserved.
©ERIKO TERANISHI 2015
©主婦と生活社 2015
Printed in Japan
ISBN 978-4-391-14643-1

〈注釈〉
本書を無断で複写複製（電子化を含む）することは、著作権法上の例外を除き、禁じられています。本書をコピーされる場合は、事前に日本複製権センター(JRRC)の許諾を受けてください。また、本誌を代行業者等の第三者に依頼してスキャンやデジタル化をすることは、たとえ個人や家庭内の利用であっても一切認められておりません。
JRRC　http://www.jrrc.or.jp
　　　eメール：jrrc_info@jrrc.or.jp
　　　☎ 03-3401-2382

十分に気をつけながら造本していますが、万一、乱丁、落丁の場合は、お買い求めになった書店か小社生産部へご連絡ください。お取り替えいたします。

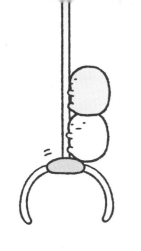